Liebe Frau Storch,
herzlichen Glückwunsch zum
80. Geburtstag. Ich wünsche
Ihnen für das neue Lebensjahr
alles Gute und Gottes Segen,
Ihr Pastor G. Schell

KARIN UND URS LÜTHI | DAVID PLÜSS

Farben unserer Erde

Wildnis

VON KANADA BIS FEUERLAND

BRUNNEN

Wildnis

Herzlich willkommen!

Dieses Buch weitet unseren Blick in die zauberhaften Welten der Wildnis. Nichts, was uns ängstigen soll, im Gegenteil. Es sind in der Natur gewachsene, farbenprächtige Bilder von eindringlicher Schönheit. Ein Blick in das Schaffen eines großartigen Künstlers. Es trägt die Handschrift der Schöpfung, die uns umgibt. Gemalt in großzügigen Linien und verschwenderischer Kreativität und doch mit viel Liebe zum Detail.

Unser Leben ist in vielem reglementiert und einengend. Nicht so die wilde Natur. Sie überrascht uns in ihrer spielerischen und unkonventionellen Präsenz. Sie bewusst zu beobachten, schenkt uns ein Stück Befreiung von starren Normen. Es entstehen Gemälde des Zufalls. Kreationen göttlicher Inspiration.

Die Schöpfung ist noch nicht zu Ende. Sie geschieht jeden Tag neu. Im Reigen der vier Jahreszeiten sehen wir Altes vergehen und Neuem Platz machen. So wie das Meer ständig in Bewegung ist, so erfindet sich Flora und Fauna täglich neu. Selbst die scheinbar unerschütterlichen Berge bewegen sich langsam aber stetig im Zeitmaß der Ewigkeit.

Das alles erzählen die Bilder dieses Buches. Die Texte fassen Eindrücke und Gefühle beim Betrachten der Bilder in Worte. Lassen wir uns darauf ein und betreten die Welt der Wildnis mit allen unseren Sinnen und entdecken darin die malerische, wilde Schönheit der Schöpfung. Es ist der wundervolle Lebensraum, der uns anvertraut ist.

Herzlich
Karin und Urs Lüthi, David Plüss

Freundschaft

Freundschaft
ist mehr als die wage Vermutung
dass einer da ist
wenn ich mir selbst
fremd geworden bin

Freundschaft
ist mehr als das Wissen
es sind noch andere
mit mir unterwegs

Freundschaft
ist mehr als ein
Schulterklopfen
und das gut gemeinte
»Das wird schon wieder«

Freundschaft
ist erfahrbare Nähe
auch in Lebensumständen
die alle überfordern
vor allem mich selbst

Freundschaft
ist gewachsenes Vertrauen
eines Menschen
der sich nicht
aus meiner Not
davonschleicht

Blumen

Heute Morgen hat es an der Haustüre
geklingelt und ein Bote
hat mir freundlich lächelnd
in grünes Papier eingewickelte Blumen
entgegen gestreckt

Ich bin erstaunt
denn ich habe heute weder Geburtstag
noch feiere ich ein Jubiläum
ich war auch nicht im Krankenhaus
und gehe nicht in Rente

Wer will mich überraschen?

Will sich jemand bedanken
oder entschuldigen
hat sich der Bote
in der Adresse geirrt?

Während meine Gedanken kreisen
suche ich eine passende Vase
gieße frisches Wasser hinein
und stelle jede einzelne Blume
behutsam ins gläserne Gefäß

Nach und nach entfaltet sich ein
farbenprächtiger Blumenstrauß
er schmückt den großen Tisch
und macht mich froh

Da entdecke ich
ganz im Papier versteckt
eine Karte
mit der Aufschrift:

»Ohne dich
wäre die Welt nicht so bunt«

Musik

Du hast mich
beflügelt und befreit
meiner Seele Füße gegeben
und meinem Körper
eine Seele

Du verleihst meinem Herzen
eine Stimme
und meinem Kopf
einen Bauch

Du lässt mich singen
jubeln und tanzen

rührst mich zu Tränen
und umarmst mich
einen Takt später

Dein Rhythmus
lässt mich nicht kalt
du begleitest mich
an entlegendste Orte
sprichst alle Sprachen der Welt
und machst
Fremde zu Freunden

Deine Stimme ist sanft
wie eine Berührung
aufwühlend wie das Meer
süss wie der Honig
und tosend wie der Wind

Du bist
wie Leben und Sterben
und erfindest dich
stets wieder neu

Blau

Heute mache ich blau

Ich lege alles ab
was mich den lieben langen Tag
und oft auch nachts
verfolgt
bedrängt
bedrückt
erdrückt

Ich schließe die Augen
träume mich frei
tief atme ich die Luft der Leichtigkeit
meine Ohren lauschen in die Stille
ich rieche den Duft der Freiheit

Mein Blick taucht ein
in das himmelweite
unendliche Blau
nichts kann mein Träumen trüben
meiner Fantasie wachsen Flügel
ich schwinge mich empor
und betrachte alles
aus einer neuen
und wohltuenden Perspektive
ich werde gelassen

In Gedanken wage ich
einen Schritt
in das unendliche Blau
und betrete
für einen Moment
ein Stück Himmel auf Erden

Sichtweise

Zuversicht
macht aus dem
schwarzen Nachthimmel
ein schützendes Dach

Die Wolken werden
zur friedlichen Herde

Sie verwandelt den Regen
in eine zarte Berührung

Blitz und Donner
werden zum
Applaus der Schöpfung

Meine Angst
wandelt sich
in Mut

Ich gehe
dem neuen Tag
getrost entgegen

Ein besonderer Tag

Heute ist dein Geburtstag
du stehst im Mittelpunkt
und bist voller freudiger
Erwartung

weil viele Menschen
an dich denken
dich besuchen
und dir Geschenke bringen

weil dein Lieblingsessen
auf dem Tisch steht
und alle Telefonanrufe
nur für dich sind

Lass dich einmal im Jahr
feiern
umsorgen
anschauen
verwöhnen
umarmen
küssen
und auf Händen tragen

genau so wie damals
als du zur Welt kamst

Gedankenspaziergang

Heute will ich meine Fantasie
von der Leine lassen
und den Blick
über den Horizont hinaus
in die Weite schweifen lassen

In meinem Kopf
entstehen Bilder
geboren aus
Sehnsucht und Träumen
aus Hoffnung und Glück

Ich erträume mir
meine eigene Welt
und gehe mit meinen Gedanken
darin spazieren

Meine Sinne sind wach
ich schmecke
rieche
sehe
höre
und spüre

ich bin unterwegs
mit mir selbst

Ich wünsche dir

keine zerstörenden Stürme
aber den nötigen Wind, der dich voranbringt

keine gefährlichen Wellen
aber etwas Bewegendes an jedem Tag

keine drohenden Wolken
aber ab und zu ihren wohltuenden Schatten

keine versengende Sonne
aber hin und wieder ihre heilende Wärme

Insel im Sand

Eine Insel ohne Wasser
spärliche Sträucher
ein Hauch von Schatten
kein Ort um sesshaft zu werden

und doch

wertvoller Zwischenhalt
auf steinigem Pfad

Leuchtturm
im trockenen Meer

Herberge
für Leib und Seele

durchatmen
und gestärkt
weitergehen

Mach langsam – es eilt!

Ich erinnere mich gerne
an die alte mechanische Wanduhr
meiner Großmutter
Das ruhige und regelmäßige Ticken
war wie der gleichmäßige Atem der Zeit
und manchmal
wenn es gerade nichts zu erzählen gab
saßen wir schweigend im gemütlichen Wohnzimmer
und lauschten dem sanften Klicken des Pendels

Diese alte Wanduhr gibt es immer noch
sie hängt jetzt
woanders
und ist in all den Jahren
nicht schneller
und nicht langsamer geworden

Die Zeit hat Zeit

Sie verflüchtigt sich
wenn ich sie jage

Sie wird zum Freund
wenn ich sie pflege

Sommerschnee

Manchmal
fällt eisiger Schnee
mitten im Sommer
in mein Herz

Dann wird die weiße Pracht
zur erdrückenden Last
und meine Seele wird schwer

Ich beuge mich tief
unter der schweren Bürde
wie ein schneebedeckter Baum

In solchen Momenten
wünsche ich mir
ein Mut machendes Wort
eine stille Geste
eine stumme Umarmung

Der Sommer
findet auch im Winter statt
wenn wir füreinander da sind

Teilerfolg

Misserfolg
ist Teil des Erfolges

Keine Erfindung
entstand ohne Rückschläge
ohne Hindernisse auf dem Weg
ohne Steine unter den Füßen

Was immer man auf diesem Weg
auch verliert
es erweist sich am Ende
oft als Gewinn

Ein Schatz voller
Erfahrung
Ausdauer
Reife
Wissen
und vor allem
Mut

Diese Erfahrung
befreit mich wohltuend davon
immer perfekt zu sein
und alles schon im Voraus
abzusehen
zu berechnen
zu durchschauen
zu erklären

Manches fällt einem zu
anderes ist voller Mühe und Arbeit
einiges bleibt ein Rätsel
aber der Weg dorthin
ist lustvoll

Wertvoll

Was bin ich wenn ich
mein Aussehen und mein Ansehen
meine Leistung und meinen Erfolg
einmal
ausblende

Bin ich dann nur eines
von unzähligen Lebewesen
geformt aus erklärbaren
Bausteinen der Natur

Was macht mich einzigartig?

Vielleicht die Art und Weise
wie mein Innerstes mit
meinem Aussehen
meinem Ansehen
meiner Leistung
und meinem Erfolg
umgeht

Wird das
was ich bin
zum Segen für andere

Wertvoll
werde ich
wenn ich mich
verschenke

Herzenssache

Das geht mir zu Herzen
sagte die Frau
während sie mir
ihre Geschichte erzählte
und suchte verstohlen
nach dem Taschentuch

Das geht mir zu Herzen
sagte der Mann
nach dem Kinofilm
und rieb sich verlegen die
feuchten Augen

Das geht mir zu Herzen
spürte das Kind
als seine verloren gegangene
Lieblingspuppe
wieder auftauchte
und weinte ein paar große
Freudentränen

Das geht mir zu Herzen
sagte das Herz
und hüpfte dabei

und lachte
und sprang
und zitterte
und weinte
und brach
und wurde wieder heil
und sprang
und zitterte
und weinte
und brach
und wurde wieder heil

und schlug weiter
ein ganzes Leben lang

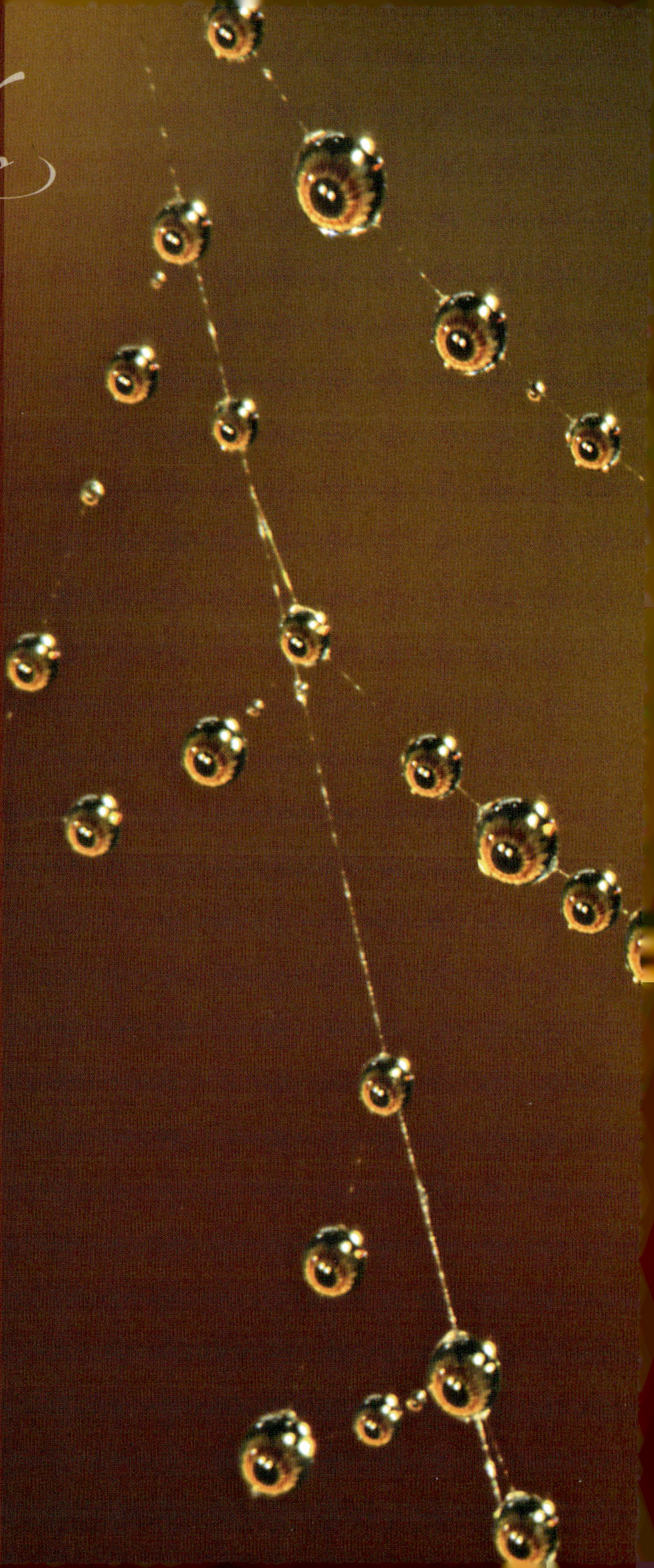

Geschichten erzählen

Es ist zu allen Zeiten gut
einander Geschichten zu erzählen

solche die vom Leben berichten
von Menschen und Ländern
von Reisen und Träumen
von Liebe und Leid

In diesen Geschichten
entdecken wir uns selbst

Wir erzählen sie
wie einem Kind
vor dem Einschlafen

um die Angst
vor der Dunkelheit
zu verscheuchen

und behütet und
voller Hoffnung
dem neuen Morgen
entgegen zu träumen

Manchmal

Manchmal fühle ich mich
so unscheinbar

und sehe vor lauter Bäumen
den Wald nicht mehr

Manchmal finde ich mein Dasein
unwesentlich und nutzlos

Manchmal stehe ich nur da
wie alle andern
und nichts bewegt sich

Manchmal kommt ein Kind vorbei
und spielt
und singt
und lacht
und freut sich

Manchmal
bin ich einfach
für andere da

Lachen verboten

Wenn unsere kleine Tochter
schlechte Laune hat
machen wir ein Spiel

Ich sage dann:
Lachen verboten
und wer zuerst lacht
hat verloren

Dann schauen wir uns
eine Weile
sehr ernst ins Gesicht

Meistens dauert das Spiel
nicht sehr lange
schon bald bricht aus
zuckenden Mundwickeln
und krampfhaft unterdrückten
Gesichtszügen
ein zweifaches
schallendes Lachen hervor

Verschenke jeden Tag
ein Lächeln
und ein Fenster zum Himmel
öffnet sich

Umringt

Einmal
im Mittelpunkt stehen
von andern
neidlos umringt
im Kreise vieler
werde ich
wahrgenommen

Ich
der Mensch

wertvoll
geschätzt
geachtet
geliebt

dankbar
für das was ich bin

durch euch

Sternenklar

Weißt du wieviel Sterne stehen
an dem klaren Himmelszelt

Wie von Künstlerhand
gestreute Goldkörner
funkeln die Sterne
am nachtblauen Himmel

Meine Gedanken
tauchen ein und
dringen tiefer
in die unendliche Weite
des Alls

Eines Tages
wird dieses Bild uns
ganz verborgen bleiben
durch das künstliche Licht
von uns erschaffen

Die Nacht wird zum Tag

Im sanften Rhythmus
von Tag und Nacht
klingt der Glanz
der Ewigkeit

Für jeden Tag

Ich wünsche mir
für jeden Tag

ein Stück Menschlichkeit
um der Gerechtigkeit willen

ein Stück Gerechtigkeit
um des Friedens willen

ein Stück Frieden
um der Gerechtigkeit willen

ein Stück Gerechtigkeit
um der Menschen willen

und bei allem die Kraft
selbst damit anzufangen

um des Himmels willen

Ein Tropfen

Frag nicht:
Was kann ich
schon tun?

Ein einzelner
kleiner Tropfen
in der Hitze
des Lebens

Frag viel mehr:
Wie entsteht das Meer?

die Freundschaft
die Gerechtigkeit
die Vergebung
das Vertrauen
die Liebe
das Leben

Mit einem Tropfen

Es beginnt
mit dir

Hauptprobe

Es gibt keine Hauptprobe
für das Leben
damit es bei der
Aufführung
gelingt

Wir müssen täglich
die Sinfonie des Lebens üben

einander zuhören
aufeinander achten
miteinander leben

ab und zu ein paar Takte
unisono mitgehen
wenn nötig
mutige Kontrapunkte setzen
seine eigene Meinung äussern
auch entgegen der
rhythmischen Mehrheit
sich und seiner Stimme
stets treu bleiben

jedem die Chance geben
einmal Solist zu sein
von den allen gefühlvoll begleitet

ausgelassen ins unbeschwerte Fortissimo
einstimmen und wo nötig
eine Pause lang
schweigen

Dies alles
mit der Sehnsucht
die Harmonie
zu suchen

Seite 1
Märchenwald, Olympic NP, Washington State
Mehrere Meter Niederschlag pro Jahr und mildes Klima ließen an der Westküste der USA einen bezaubernden Märchenwald entstehen.

Seite 2/3
Am Abgrund, Canyonlands NP, Arizona
Die tief stehende Sonne verwandelt die Gegend des Canyonlands Nationalpark in eine rot glühende Landschaft.

Seite 4/5
Vancouver Island, Kanada
Auch auf der größten Insel Kanadas ist ein uralter Regenwald zu bestaunen. Viele hundert Jahre alte Douglasien und Zedern wachen über diese faszinierende Landschaft.

Seite 6/7
Morgendliche Zärtlichkeiten, Yellowstone NP, Wyoming
Eine ganze Herde Wapitihirsche versammelt sich nach einer eiskalten Nacht am Madisonriver im Yellowstone Nationalpark.

Seite 8/9
Herbstfarben, am Cassierhighway, British Columbia
Die hellen Baumstämme der Espen und die wundervollen Herbstfarben ergeben einen faszinierenden Kontrast.

Seite 10/11
Brandung, Pazifikküste, Chile
Wilde und einsame Strände lassen sich an der mehrere tausend Kilometer langen Küstenlinie Chiles entdecken.

Seite 12/13
The Crack, Slot Canyon, Arizona
Die Sandsteinlinien dieses Canyons könnte man auch als ineinander geschlungene Tücher betrachten.

Seite 14/15
Morgenstimmung, Mount Rainier, Washington State
Der windstille Morgen zaubert ein Spiegelbild des Mount Rainier in den kristallklaren Bergsee.

Seite 16/17
Quartz Lake, Alaska
Nur noch wenige Minuten dauert es, bis die herbstliche Sonne ihre letzten Strahlen auf den Quartz Lake schickt. Eine Idylle zum Verweilen und Genießen.

Seite 18/19
Denali NP, Alaska
Die Kombination aus dunklen Gewitterwolken und Sonnenlicht lässt den Indian Summer Alaskas wundervoll leuchten.

Seite 20/21
Perfektion, Vancouver Island, Kanada
Eine simple Eichel, in einer Wasserpfütze liegend, zeugt von der Perfektion der Schöpfung.

Seite 22/23
Rote Pracht, Denali NP, Alaska
Ende August / Anfang September verwandelt sich die sonst grüne Tundra in ein Farbenmeer aus Rot, Gelb und Orange.

Seite 24/25
Indian Summer, am Dempster Highway, Yukon
Der 700 km lange Dempster Highway führt von Dawson City nach Inuvik, nördlich des Polarkreises am Mc Kenzie Delta.

Seite 26/27
Morgenglühen, Torres del paine, Chile
Die ersten Sonnenstrahlen erleuchten die majestätischen Zinnen des Torres del paine Massivs.

Seite 28/29
White Sands, New Mexico
Das letzte Licht verzaubert die sonst grelle Gipswüste in ein zauberhaftes Farbenspiel.

Seite 30/31
Punta Tombo, Argentinien
In Punta Tombo an der argentinischen Atlantikküste befindet sich die größte Pinguinkolonie der Welt außerhalb der Antarktis.

Seite 32/33
Winterzauber, Yukon
Im tiefen Winter Kanadas können die Temperaturen problemlos auf minus 30-40°C sinken. Kurz vor Sonnenaufgang wird häufig die tiefste Temperatur des Tages gemessen.

Seite 34/35
Grizzlyfamilie, am Dempster Highway, Yukon
Im August, ca. 19 Uhr am frühen Abend: Die Temperatur nähert sich dem Gefrierpunkt; im Gegenlicht der Sonne wird der Atem der Grizzlymama wunderschön sichtbar.

Seite 36/37
Joshua Tree NP, Kalifornien
Die letzten Sonnenstrahlen beleuchten die Felsformationen des Joshua Tree Nationalparks.

Seite 38/39
Löwenzahn, British Columbia
Im Gegenlicht der untergehenden Sonne wird das perfekte Profil des Löwenzahns sichtbar.

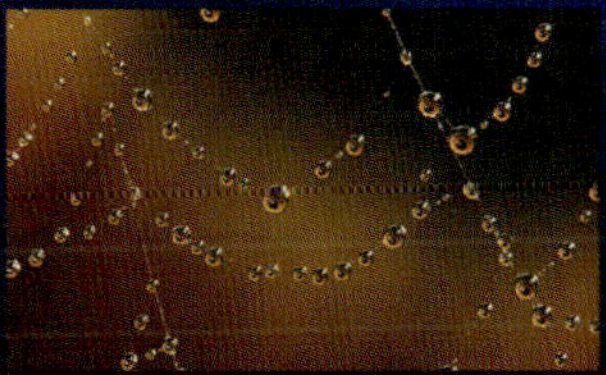

Seite 40/41
Tropfenzauber, Chile
Winzige Tautropfen an einem Spinnennetz verwandeln dieses Bild in ein wahres Kunstwerk.

Seite 42/43
Unendliche Weite, am Dempster Highway, Yukon
Die unendliche Weite der kanadischen Wildnis lässt einen eine unbeschreibliche Freiheit erleben.

Seite 44/45
Grizzly beim Lachsfang, Katmai NP, Alaska
An den Brooks Falls im Katmai Nationalpark lassen sich die riesigen Grizzlys beim Lachsfang beobachten.

Seite 46/47
Herbstwald, Yukon
Eine Wanderung durch die heruntergefallenen Blätter bedeutet für uns Erholung pur.

Seite 48/48
Lachen, am Teslin Lake, Yukon
Wer den Tag mit einem Lachen beginnt, hat ihn bereits gewonnen.
Aus Tschechien.

Seite 50/51
Morgengymnastik, am Dempster Highway, Yukon
Fast könnte man meinen, die Grizzlymutter mache mit ihrem Jungen eine morgendliche Gymnastik am Fluss.

Seite 52/53
Frühlingserwachen, Anza Borrego Park, Kalifornien
Bei idealen Bedingungen sprießen in der heißen Wüste Kaliforniens die schönsten Wildblumen.

Seite 54/55
Sternenhimmel, Yukon
Wer in der Wildnis Kanadas je den Sternenhimmel bestaunte, wird dieses ergreifende Erlebnis so schnell nicht wieder vergessen.

Karin und Urs Lüthi haben auf ihren Reisen alle Erdteile besucht: Von Alaska bis Feuerland, von Mexiko bis Australien, von Borneo bis Südafrika. In eisiger Kälte und sengender Hitze sind sie auf der Suche nach dem perfekten Bild.

Urs Lüthi wurde schon mit 18 internationalen Preisen ausgezeichnet, darunter mehrfach von der BBC. Sein fotografisches Verstehen war schon immer ein eher künstlerisches als wissenschaftliches. So vergleicht er die Kamera auch vielmehr mit einem Pinsel oder Instrument als mit einem technischen Werkzeug. Karin und Urs fotografieren zurzeit noch immer mit analoger Technik. Vor allem die brillante Projektionsqualität und die Authentizität eines originalen Dias haben die beiden dazu bewogen, noch bei dieser altbewährten Technik zu bleiben.

Mit ihren eindrücklichen Bild-Musik-Sinfonien möchten sie den Wert und die Bedeutung der Natur auf eine künstlerische Art vermitteln. Dabei arbeiten sie intensiv mit dem Musiker und Komponisten David Plüss zusammen. Die Künstler nutzen dazu gefühlvoll die Kombination emotionsgeladener Naturbilder und imposanter Musik. Der Zuschauer wird in eine eindrückliche Bild- und Klangwelt entführt: dramatisch und voller Emotionen, kommentarlos und doch fesselnd, tiefgründig und nachhaltig.

»Ein faszinierender Spaziergang durch eine Welt von tausend Farben und Klängen«, beschreiben die Künstler ihre Shows. Sie sind mehr als das, sie bewegen das Herz.

www.nature-art.ch

David Plüss ist freischaffender Musiker, Komponist und Produzent. Er arbeitet seit vielen Jahren auf der Bühne und im Studio in unterschiedlichen Projekten. Seine Vorliebe gilt der instrumentalen Musik. Es sind Klangbilder mit einer eigenständigen Kraft und Aussage.

David Plüss hat am Konservatorium in Zürich studiert und sich schon früh seiner eigenen kompositorischen Tätigkeit zugewandt. Nebst seinen bisher zehn instrumentalen Soloalben hat er eine große Zahl an Tonträger für verschiedene Künstler produziert. Außerdem ist er Autor und Herausgeber von Texten und Noten.

www.davidpluess.ch

Die gleichnamige CD zum Buch:

David Plüss
Wildnis – eine Klangreise
ISBN 978-3-7655-8440-4
Brunnen Verlag Gießen

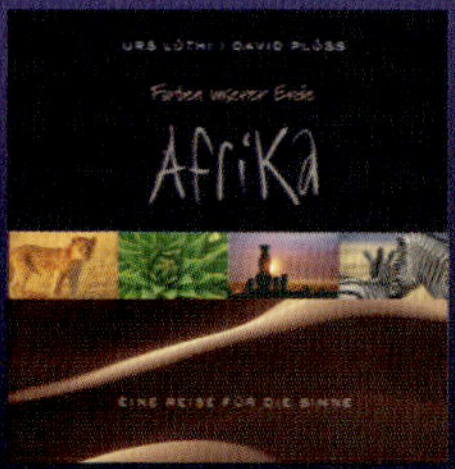

Farben unserer Erde – Afrika gibt es als Bildband und Instrumental-CD mit der Musik von David Plüss und als Bonus umfangreiches Bildmaterial.

Urs Lüthi / David Plüss
Farben unserer Erde – Afrika
64 Seiten
ISBN 978-3-7655-6443-7
Brunnen Verlag Gießen

David Plüss
Farben unserer Erde – Afrika
Musik für die Sinne
ISBN 978-3-7655-8438-1
Brunnen Verlag Gießen

 | www.brunnen-verlag.de
Layout: Jürg Hediger | Druck: Proost, Belgien
ISBN 978-3-7655-1059-5